Pépé Coutures

collection dirigée
par Jean-Claude Baudroux et Pascal Laurent

ÉDITIONS DU BASTBERG

Collection
Sarbacane

PÉPÉ COUTURES

Patrick Vendamme

illustrations de Yannick Lefrançois

1

Dans le quartier, tout le monde l'appelle Pépé Coutures parce qu'il a des tas de cicatrices sur les bras, les mains et même la figure. Moi, j'aimerais bien l'appeler Pépé tout court, mais je ne peux pas parce que c'est pas mon pépé pour de vrai. Alors, quand je le croise dans la rue, je dis comme tout le monde :

— Ça va Pépé Coutures ?

Il me répond avec ses yeux presque fermés ; ça fait même bouger sa moustache, comme des buissons qu'on bougerait avec un bâton.

Pépé Coutures est en retraite. Ça veut dire qu'il a arrêté de faire maçon depuis un mois. Même qu'il a eu sa photo dans le journal : on le voyait avec des gens autour de lui. Derrière il y avait des camions, des planches, une grosse bétonnière. Sur une table avec des tréteaux, il y avait des bouteilles et des verres et à coté, sa femme qui tenait une grande plante verte avec un tuteur.

Je ne sais pas pourquoi personne ne dit « Mémé Coutures », et même pas « Madame Coutures ». Mais ça c'est normal puisqu'elle n'a pas de cicatrices. Seulement des rides.

Pour le journal, c'est normal aussi : ici, chez nous, si on fait un voyage de classe, ou si on a trouvé une vipère au fond de sa brouette, on est dans le journal. Alors pour la retraite de Pépé Coutures, pensez !

Pépé Coutures a gardé la photo. C'est la troisième fois qu'il me la montre.

— Regarde, fiston.

(J'aime pas « fiston ». Je m'appelle Pierre. Mais Pépé Coutures ne veut pas le savoir.)

—… Ici tu vois, c'est Léon, le chef de chantier. Faut que ça roule avec lui !

Au dessus de Léon on voit une grosse tête avec des grandes oreilles et un nez en boxeur.

— Et lui ? Il a l'air méchant !

— Jabrisse ? C'est le plus gentil ! Il ne ferait pas de mal à une mouche !

Et il replie la photo parce qu'on est arrivés devant chez lui.

La photo, elle est déjà toute fatiguée aux pliures. À ce train-là, elle aura bientôt du scotch partout. Pourtant c'est bizarre, on fait rien que la regarder, mais ça l'use.

Chez moi, c'est au bout de la rue. Maman fait le ménage dans tout le quartier et à l'école des petits et papa je ne sais pas. Je demande plus à ma mère. Ça lui fait briller les yeux. Une fois, elle m'a grondé parce que j'arrachais une patte à une mouche, pour voir. Elle m'a dit :

— Il ne faut pas faire souffrir inutilement les animaux.

Et après elle a ajouté très vite :
— Ni les gens d'ailleurs.
Alors comme j'aime bien plus ma maman qu'une mouche, j'ai juré dans ma tête de jamais la faire souffrir inutilement. Après j'ai demandé :
— Dis maman, c'est quoi « inutilement » ?
— Ça veut dire que ça sert à rien.
— Mais la souffrance, ça sert déjà à rien...
— C'est vrai ; la souffrance ça ne sert à rien. Bon, il faut que j'y aille.
Et elle est partie : c'était l'heure des courses pour madame Masclot avec sa béquille.
C'est pour la souffrance qui sert déjà à rien que je ne demande pas pour mon père. De toute façon, il est pas mort. Juste parti, je crois.
Pour Pépé Coutures c'est parce qu'il est trop vieux avec ses cheveux blancs, sinon je dirais « Papa Coutures ». Des fois, quand on marche dans la rue et qu'il y a des bruits de camions, je dis :
— Hé, Papé Coutures...
Lui, il surveille surtout les camions qui bougent même l'air parce que le trottoir est très petit. Il a pas l'air de m'entendre. Quand il y a des mobylettes qui font un boucan terrible, j'aime bien. Je dis :
— Tu sais Papa Coutures...

L'autre fois, il a sursauté. J'étais un peu derrière à cause du petit trottoir. Il s'est retourné avec ses sourcils comme des petits bouts de fil blanc, comme quand ma mère fait de la couture, tous emmêlés.
— Hein ? Qu'est-ce que tu dis ?
La mobylette était passée.
— Tu sais…
— Oui ?
— Demain c'est jeudi.
Ses sourcils sont partis vers son front là-haut et ses yeux ont regardé où ils s'arrêtaient.
— Tu parles d'une nouvelle !
Et on est repartis. Le Maire a fait l'opération « Motos Sauvages » et il l'a dit aux policiers. Ils les arrêtent et ils regardent les papiers et le pot. Moi j'aime bien les motos sauvages. On peut parler tout haut mais quand même en secret. J'en aurai une quand je serai grand. Avec Pépé ou Papa derrière. Ou chacun son tour. Faudra qu'ils se tiennent en mettant les mains sur mes côtés à cause des virages.
J'irai souvent dans les routes à virages.

2

Yann est parti avec son skate chez ses cousins et ça fait une semaine que Pépé Coutures a arrangé son volet. Il a aussi mis de l'huile sur tous les gonds des portes, je l'ai aidé. Ce matin il a rangé sa cave. C'est Antoinette (Antoinette, c'est sa femme) qui a voulu. Je l'ai aidé à remonter les bouteilles vides. On a tout porté dans le truc à verres, sur la place du marché. Pépé Coutures m'a porté. J'ai envoyé les bouteilles par le trou en caoutchouc. BZZING ! BZZING ! Ça s'est fracassé là-dedans ! C'est pour le recyclage. Dans l'autre truc à verres, à coté de la gendarmerie c'est pour le cancer.

— Essuyez vos pieds ! a crié Antoinette quand on est revenus.

Pépé Coutures a soupiré. Et puis il m'a servi de la menthe à l'eau verte avec le colorant comme j'aime bien. J'ai bu, c'est froid, c'est bon.

— Et le robinet de la cour ?

Antoinette était dans sa plante de la retraite à Pépé, à nettoyer les feuilles une par une.

— C'est fait, a dit Pépé Coutures, j'ai changé le joint. Ça ne fuit plus.
On ne voyait que le tablier à fleurs d'Antoinette dans la plante de la retraite. Pépé Coutures me regardait. La plante a tremblé.
— Et la serrure du cagibi ?
— Changée, a dit Pépé Coutures.
Antoinette n'a plus rien dit. C'était le silence. J'ai toussé et j'ai demandé tout bas :
— Et ton horloge ?
— Réparée, remontée, a dit Pépé Coutures avec son sourire. Viens voir…
On est allés au garage. J'aime bien parce que c'est un garage sans voiture dedans. Il y a des meubles un peu vieux sur les côtés et puis aussi une tondeuse rouge et un escabeau. Vers la fenêtre c'est plein de pots de géraniums. Ah, et aussi des étagères, une vieille télé et des caisses. Au-dessus de l'établi, Pépé Coutures a mis toutes ses pinces, ses clefs, ses tournevis, bien alignés sur un panneau. Un jour, quand j'étais plus petit, il m'a fait monter sur l'établi et il m'a tendu un feutre noir.
— Vas-y, dessine la forme autour des outils.
Et j'ai dessiné, sans rater, en m'appliquant. Ça lui sert à Pépé Coutures, pour savoir si tous ses outils sont là. Je suis très fier de ça, c'est utile.
Le garage était balayé. L'horloge était contre le

mur du fond, dans sa grande caisse de bois. Tic, Toc. Par le trou, on voyait le truc jaune qui se balançait.

— Elle marche impec, a fait Pépé Coutures. J'ai refait deux engrenages, tout à la lime.

— Et qu'est-ce que tu vas faire maintenant ?

Je crois que j'aurais pas dû lui demander ça parce qu'il m'a regardé longtemps avant de répondre.

— Je ne sais pas. Il reste le gond du volet à resceller.

— Je pourrai t'aider ?

— Oui. Je te montrerai comment on fait du ciment prompt. J'ai un truc de bricoleur...
— Je pourrai faire aller la perceuse ?
— Oui.
— Et souder, tu m'apprendras ?
— Chaque chose en son temps.
Je crois que ça veut dire qu'il faut attendre. Pourtant j'aimerais bien souder, à cause des lunettes comme celles des motards de la guerre et des étincelles.
— RAOUL !
— Ça c'est pour moi, a dit Pépé Coutures.
On a entendu des pas et Antoinette a poussé la porte du garage.
— T'as pensé à tes papiers à la mairie ?
— Ah, oui, les papiers a bredouillé Pépé Coutures.
Il a regardé sa montre.
— Onze heures, juste le temps. Tu veux venir, fiston ?
Moi, la mairie ça m'intéressait pas, mais marcher avec Pépé Coutures, j'aime bien.
— Oui, d'accord.
Y'avait pas trop de camions ni d'autos. Pépé Coutures marchait vite. Je connaissais qu'un moyen pour qu'il aille moins vite :
— Pépé Coutures...
— Oui...?

— Pourquoi on t'appelle comme ça ?
Il a ralenti.
— J'te l'ai déjà dit cent fois.
— Raconte encore.
Il a mis ses mains dans ses poches.
— C'était il y a quinze ans, à la miroiterie Lefranc. Une reprise de maçonnerie à faire au premier étage.
— C'est quoi une reprise ?
— Ben, c'est quand il faut refaire un bout de travail qu'un autre a fait avant toi. Donc voilà : on avait échafaudé jusqu'au premier, juste au-dessus de la grande verrière de la miroiterie. Le père Lefranc, c'était son orgueil à lui, c'te verrière au-dessus de ses ateliers.
— Une verrière tout en verre ?
— C'te question ! Bien sûr ! Et bombée en plus ! Ça avait dû lui coûter une fortune. Léon, le chef de chantier était sur nos talons.
« Faut que ça soit fini pour ce soir les gars ! » J'ai dit au petit manœuvre qui était avec moi :
— Tu me montes les seaux de ciment, je m'occupe du reste.
J'étais en train de crépir quand, patatras, le p'tit gars a tapé la planche avec son seau. La planche est partie avec moi dessus. Un plongeon de cinq mètres et DZZING, Raoul dans la verrière ! J'ai atterri dans une benne pleine de

débris coupant comme des rasoirs. C'était comme une vague blanche et rouge...
— Pourquoi rouge ?
— À cause du sang, pardi ! J'essayais de me relever, je me coupais un peu plus !
Pépé Coutures s'est arrêté au feu rouge en face de la mairie. Du bout de leur oreille, des gens l'écoutaient...
— On m'a recousu dans tous les coins. Cent treize points de suture ! Ah, c'est vert ! Voilà, t'es content ?
— Oui Pépé... Alors ça vient de là, « Coutures » ?
— Ben oui.
— T'aurais pu mourir...
— Peut-être bien que oui ; un morceau de verre dans une artère ou quelque chose comme ça et hop, j's'rais pas là pour te raconter mes malheurs.

3

La mairie, c'est une grande maison qui sert pour les papiers des gens et aussi pour les mariages. On peut pas courir ni faire de glissades sur le carrelage. On peut juste aller vers les bureaux et une dame dit :
— C'est pour quoi ?
Ma tête arrive juste au comptoir. Je ne vois rien. L'année prochaine ça ira mieux.
— J'ai besoin de deux fiches d'état civil pour ma caisse de retraite, a dit Pépé Coutures.
J'ai entendu des bruits de tampons.
— Voilà monsieur.
Pépé Coutures a dit merci et on est partis parce que, à la mairie, même pour les papiers importants, on ne doit pas payer. Mais vers la sortie, Pépé Coutures s'est arrêté net. Une dame arrivait avec un beau sac et des lunettes avec des verres qui tiennent sans rien autour.
— HÉLÈNE !
La voix de Pépé Coutures a presque résonné dans le hall de la mairie. Des gens se sont retournés, mais il ne les voyait pas. Il avait deux grands yeux et une bouche un peu ouverte. La dame aussi avait deux grands yeux et un beau sourire.

— Raoul ! Si je m'attendais…
Elle m'a regardé. J'ai regardé Pépé Coutures. Il a mis ses mains en avant et la dame les a prises. Je ne comprenais rien du tout.
— Qu'est-ce que tu fais ici ? Voilà bien vingt ans….
Les lèvres de Pépé Coutures ont continué à bouger mais il n'y avait plus de son. La dame a quand même répondu :
— J'ai un dossier à remplir pour une demande de double nationalité.
— Double… quoi ? a demandé Pépé Coutures.
— Nationalité. Je vis au Canada, tu ne savais pas ?
— Non. Et qu'est-ce que tu fais là-bas ?
— Entreprise de transports. Je travaille dans des boîtes américaines.
Ils m'avaient oublié tous les deux. Ils se regardaient et moi, j'aurais bien voulu savoir ce qu'il y avait dans ces boîtes américaines.
— Tu te souviens quand on avait vingt ans ?
Pépé Coutures avait du mal à

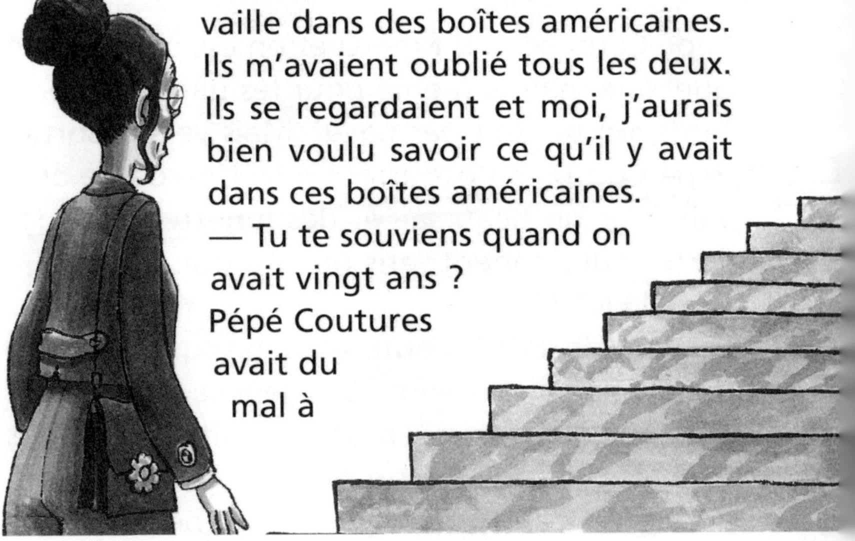

répondre. Il était tout ému, sa moustache tremblait.

— Si je me souviens....

— Et toi ?

Les sourcils de Pépé Coutures sont partis vers son front, juste une seconde.

— Oh moi...

J'ai entendu qu'il parlait de régiment à Amiens et de mariage avec Antoinette.

— Tu sais bien, la fille des épiciers.

La dame a fait « Ah », et puis elle m'a regardé.

— C'est ton petit-f…

— Non, a fait Pépé Coutures. Un gamin du quartier. On n'a pas d'enfants. Et toi ?

— Moi ? Avec la vie que je mène ! Je n'ai jamais trouvé le temps de me marier…

Elle a regardé sa montre.

— Bon, il faut que je file. Ça m'a fait plaisir, tu sais.

La dame a pris Pépé par les épaules et lui a fait deux bises.

— Si un jour tu passes au Canada…

Pépé Coutures s'est retrouvé avec un petit carton blanc dans les mains. Le temps qu'il dise : « au revoir », la dame était partie.

Pépé Coutures n'était plus le même. La preuve, il a voulu qu'on passe par le jardin public alors qu'il était presque midi. Il marchait tout doucement.

— C'était qui, cette dame ?

— C'est Hélène.

On s'est assis sur un banc.

— Elle habitait au coin de ma rue.

— Elle est belle dis donc.

Pépé regardait les pommes de pin qui étaient

par terre autour du banc.
— Si tu l'avais vue autrefois...
Son bras s'est levé comme un ressort.
— Et toujours première en classe avec ça ! Elle faisait aussi du cheval. Une fois je suis allé la voir en vélo à l'hippodrome. C'était un grand concours et elle a gagné.
— Gagné quoi ?
— Première ! Elle a fini première. Si tu avais vu la coupe qu'on lui a remise...
Il a sorti quelque chose de sa poche. C'était le petit carton blanc.
— C'est quoi ce truc ?
— Ça, c'est sa carte de visite.
Il l'a regardée longtemps en la tenant bien devant ses yeux et il a dit :
— J'ai pas mes lunettes.
Alors j'ai plus rien osé dire et on a regardé les cygnes sur l'eau qui avançaient en faisant leurs fiers.

On a traversé la ville sans se presser. Il y avait les voitures de midi dans tous les sens et les gens dans

les cafés, ceux qui mangent debout et qui regardent leur montre. Sur l'avenue avec les arbres, Pépé a encore ralenti devant le café Majestic. Il y avait des jeunes tout autour du flipper et de la techno à fond la caisse.
— On venait là, a dit Pépé Coutures. Toujours dans le fond, à droite.

On n'a plus rien dit jusqu'à la maison. Devant la petite barrière de son jardin, il y avait Antoinette.
— C'est à cette heure-ci que tu rentres ?
Pépé a sorti les papiers de son portefeuille. Il a dit qu'il y avait du monde aux guichets, mais il n'a pas parlé d'Hélène ni du jardin public. Moi, j'ai fermé la barrière derrière lui et j'ai filé à la maison parce que c'était le jour des frites.

4

Deux jours sans voir Pépé Coutures. Je ne savais pas comment lui annoncer la nouvelle. C'est le billet de tombola qui m'a décidé. Il m'en restait un à vendre, il me l'achèterait…

Mais devant sa maison j'ai entendu des bruits de voix qui venaient du salon. Des voix de dames. Elles parlaient fort. Je ne savais pas quoi faire. Frapper à la porte ? Sonner ?

— Pssst ! Pssst ! Fiston !

Ça c'était lui ! J'ai aperçu sa tête et sa main qui sortaient du garage.

— Viens par ici.

Il a refermé la porte. Le garage était tout net, pas un outil sorti, juste un chiffon à côté de l'horloge.

— Qu'est-ce que tu fais ? j'ai demandé. Tu bricoles ?

— Non. J'attends.

— T'attends quoi ?

— Antoinette a invité ses copines et ça jacasse. Alors moi, j'attends qu'elles s'en aillent. J'ai dit que j'avais du travail avec cette pendule.

Mais la pendule faisait « Non… Non… » avec son œil jaune dans la caisse en bois.

J'ai quand même compris que Pépé Coutures avait ses soucis à lui. Pour le billet, je lui ai tout de suite demandé s'il voulait bien me prendre le dernier. Il a fait ses petites manières, mais je voyais bien que sa moustache riait.
— Et d'abord qu'est-ce qu'on gagne, à cette loterie ?
— Le premier prix, c'est une télé et il y a aussi un robot multifonctions, un walkman, une...
— Bon d'accord, a dit Pépé. Et il a pris le billet.

Il restait mon autre souci.
— Pépé Coutures...
— Oui ?
— Faut que je te dise...
— Vas-y, fiston.
— On va déménager.
Il m'a regardé avec un drôle d'air et ses mains sont allées vers le panneau à outils, ceux entourés au feutre noir quand j'étais petit. Il a bougé la clef à molette, comme pour la remettre bien droite.
— C'est maman qui a trouvé du boulot à Euro-Market, tu sais le supermarché après le Rond-point.
— C'est loin, ça.
— C'est pour ça qu'on va déménager aux

H.L.M. à côté. À la rentrée je vais changer d'école. Ma mère sera au rayon lingerie. Elle a dit que c'est mieux que les ménages.
On a entendu la porte d'entrée qu'on ouvrait et les voix des dames.
— Quand ? a demandé Pépé Coutures.
— Dans quinze jours.

•

— T'as gagné Pépé ! T'as gagné !
C'est Antoinette qui m'a ouvert.
— Il est au garage. Qu'est-ce que tu lui veux ?
— Madame, Pépé... Enfin, monsieur Raoul il a gagné une canne à pêche à la tombola du Judo.
— Et qu'est-ce que tu veux qu'il en fasse ?
Antoinette avait pas l'air contente de me voir, avec ses mains sur les côtés et ses yeux presque noirs. J'ai dit sans réfléchir :
— C'est mieux que rien...
— Parfaitement, fiston !
C'était lui. Il m'avait entendu. Pépé Coutures à la porte de son garage, Antoinette sur le seuil de leur maison. Entre eux deux, moi dans le jardin avec des pensées et des soucis. Ma tête faisait comme les gens qui regardent du

tennis, hop, hop. Mais Blam ! Antoinette est partie en claquant la porte.
— Quand j'avais ton âge, j'étais un fameux pêcheur, au lancer, à la mouche…
— Alors tu iras ?
— Nous irons, tu veux dire…
— Mais comment ?
Il m'a pris par la main. Au fond du garage, sous une toile cirée il y avait deux roues qui dépassaient, que j'avais toujours vues là, sans faire attention. Pépé Coutures s'est approché, il a soulevé la toile, en faisant ses manières de clown, comme si c'était une robe de dame, entre deux doigts.
Une mobylette ! Vieille et pleine de poussière. J'ai passé mon doigt sur la grande selle toute longue. Ça a fait un trait noir, propre.
— C'est sûr, a dit Pépé, il y a du boulot pour la dégripper, mais j'avais justement envie de m'y mettre.

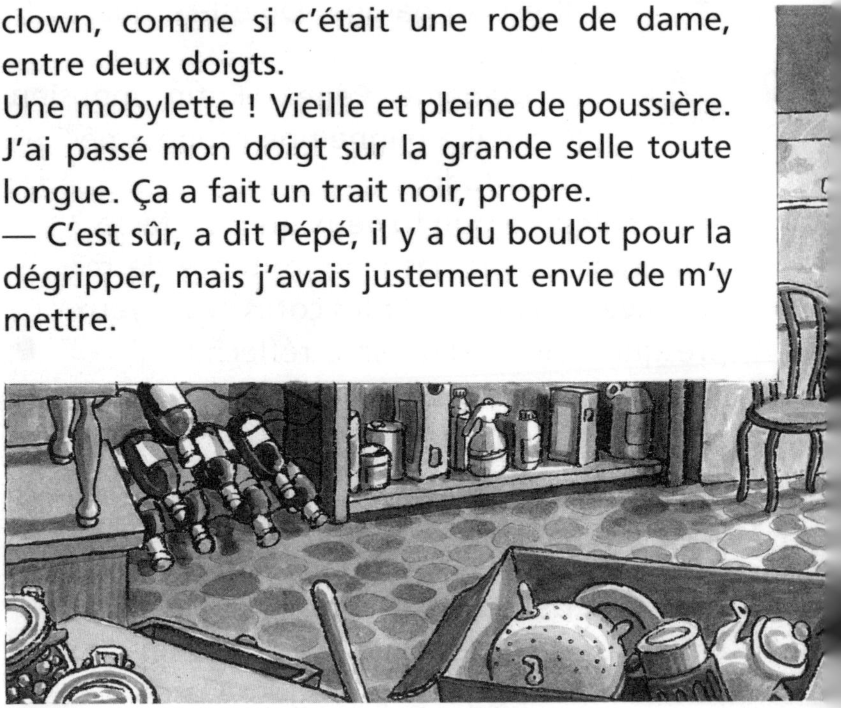

Le phare était super, presque comme celui des motos.

— Comme tu n'as pas quatorze ans, tu pourras monter derrière, regarde.

Sur la roue arrière, il a abaissé deux petits bouts de fer.

— Voilà les repose-pieds que j'avais installés pour…

— Pour qui, Pépé ?

Il n'a pas répondu.

5

Il y avait aussi la boîte à pêche, la canne et moi derrière. Je tenais Pépé Coutures par ses côtés. Dans le bus des gens nous ont fait signe. Des fois la mobylette toussait par son pot. C'était peut-être à cause de sa grippe. Et le moteur et toutes les vibrations ça me faisait des guilis partout. Ma gourde en plastique a pas arrêté de faire floc floc jusqu'à ce qu'on arrive aux grands arbres. Ceux qu'on voit au bout de la ville, après le Rond-point des champs.

On a mis la mobylette à l'ombre et on a remonté la rivière parce qu'il y avait déjà des pêcheurs avec leur pliant et même un avec sa radio. Pépé Coutures a tout installé. Il a déplié la canne scopique et il a déballé tout le petit bazar des pêcheurs : le fil, le flotteur blanc, rouge et beau comme tout et aussi les hameçons. Il en a choisi un bien pointu qu'il a noué sur le fil.

— Passe-moi la boîte à asticots, fiston.

J'ai pris la boîte verte avec des trous sur le couvercle pour qu'ils puissent respirer.

Dans la sciure, ça bougeait comme des petits spaghettis. Pépé en a pris un et alors là, sur l'hameçon, il l'a enfilé. J'ai pensé à la mouche à

cinq pattes. Quelque chose est venu dans ma gorge et aussi vers le cœur de la poitrine. L'hameçon, on aurait dit que Pépé Coutures lui avait mis sa chaussette, et qu'il bougeait.

— Qu'est-ce t'as fiston, t'es tout pâle...

— C'est la souffrance, là, j'ai dit.

— Qu'est-ce que tu racontes ?

— Ben oui, le ver...

Pépé a fait monter ses sourcils et ses épaules juste un coup. J'ai plus rien dit. De toute façon il fallait que je respire, même avec la boule dans ma gorge. Il a lancé sa ligne. Le bruit du moulinet, j'aime bien c'est doux. C'est un vrai bruit d'appareil, mais avec une manivelle comme une petite boîte à musique. Les ronds dans l'eau étaient aussi très bien. Un oiseau est passé très vite.

— Regarde fiston, un martin-pêcheur !

Mais rien à faire je pensais à l'asticot-chaussette et aussi au poisson.

— Hé, Pépé Coutures...

Mais le flotteur a bougé. Il a juste fait :

— Mumm ?

Je lui ai demandé si c'était vraiment de la souffrance utile, parce que l'inutile, celle dans la lèvre du poisson elle doit faire encore plus mal. Le flotteur filait.

— J'ai une touche !

Il a donné un petit coup de poignet.

— Je le ferre, là, tu verras, je t'apprendr...

Mais juste à ce moment-là, flop, le fil est devenu tout mou.

— Raté ! qu'il a dit Pépé. Son pied a tapé dans l'herbe.

— C'est ta faute, aussi, avec toutes tes idées...

J'ai pleuré. Pourtant la boule fondait et j'étais

content pour le poisson pas accroché par sa lèvre, comme un pendu. Pépé Coutures a posé sa canne à pêche, vite, dans l'herbe.

— Tu pleures, fiston…?

— Je suis triste d'être content…

Il m'a fait asseoir à sa place sur la boîte à pêche avec le coussin cloué sur le couvercle.

— Tiens…

Il m'a tendu son mouchoir grand comme tout.

Je trouvais même pas mon nez dans tous les carreaux. Lui il regardait le soleil et les grands arbres. Ses mains sont parties dans ses poches.

— T'as raison après tout ; il fait beau, les oiseaux chantent, on est bien…

Il m'a essuyé les yeux.

— D'ailleurs, on n'est venus ici que pour la pêche à la Tranquillité. Et pour ça, pas besoin d'hameçon.

Et là Pépé a fait une chose incroyable : la boîte à vers dans la main, il a marché le long de la rivière et hop ! Les vers dans l'eau ! Mes larmes étaient toutes sèches sur mes joues. Des poissons mangeaient un peu mais des asticots tombaient au fond, c'est sûr, et ils se cachaient derrière les cailloux ou alors ils nageaient dans les plantes.

Hop, hop, Pépé Coutures passait, il faisait le clown pour moi sur mon banc avec le coussin cloué sur le couvercle. Il était beau, Pépé Coutures, j'ai applaudi.
— T'es comme le geste d'Auguste le Semeur, dans notre poésie, celle que la maîtresse préfère parce qu'elle dit qu'il n'y a pas que Maurice Carême et Jacques Prévert !

•

On est revenus plein d'autres jours à la pêche à la Tranquillité. Dans la boîte en bois Pépé mettait son livre et aussi le Journal des Jeunes qu'il m'achetait au Bar-Tabac. On lisait dans l'herbe. Quand c'était l'heure de la sieste de Pépé Coutures, je faisais l'explorateur du Canada. Sur les bords de la rivière, il y avait des arbres que j'avais jamais vus en vrai. Alors je rapportais leurs feuilles et Pépé me disait :
— Ça, c'est du saule, ça de l'aulne glutineux et ça, du tremble.
En nature, il est drôlement fort, Pépé Coutures, mais en ricochets je le bats parce qu'avec ses yeux, il ne sait pas choisir les galets qui vont le mieux.

6

Mais un matin qu'on partait, ça s'est gâté d'un coup. Antoinette a dit bien fort :
— Ce soir je veux deux truites.
Pendant toute la route on n'a pas dit un mot et même pas à l'arrivée. Pépé faisait des soupirs ; à midi il m'a tendu mon sandwich en me regardant bien en face :
— Écoute, cette fois-ci il ne faut pas qu'on rentre bredouilles. Antoinette a des soupçons.

Je me suis dit que ça devait être quelque chose de terrible parce que ça finissait comme hameçon et qu'Antoinette en avait. J'ai juste dit :
— Bon...
Pépé a monté sa ligne, il a appâté tout le matin. Rien. Moi j'étais content pour les poissons, les vers, tout ça, mais Pépé Coutures faisait une drôle de tête. Jusqu'à quatre heures on a essayé et il a bien fallu tout ranger. C'est quand je suis monté sur la mobylette que j'ai eu une idée super :
— On n'a qu'à s'arrêter à Euro-Market...
— Hein ? Et pour quoi faire ?
— Des poissons, il y en a là-bas...

Il a fallu que j'explique que dans un supermarché on vendait de tout : des télés, des bretelles, des biscuits et du poisson.
— Des en carrés dans des boîtes, mais aussi des vrais, comme vivants avec leurs nageoires et leur queue, mais morts.
Pépé Coutures a mis en route la mobylette sans rien dire. Au Rond-point il a pris à droite en mettant son bras. Une minute après on était sur le parking géant.
— Bon, je reste là pour pas qu'on nous vole la mobylette ou la canne à pêche ou la bourriche. Tiens, voilà un billet.
— Combien j'en prends, Pépé ?
— Fais pour le mieux.
Quand elles m'ont vu arriver les portes magiques se sont ouvertes. Il y avait de la musique parce que c'était la Quinzaine des Affaires écrit en gros et des bulletins à mettre dans l'urne pour le Tirage au Sort. Mais je pensais à Pépé Coutures dans le parking, sur sa mobylette et j'ai foncé au rayon Fruits de mer-Poissons.
Sur de la glace il y avait des tas de poissons allongés et même un requin avec la bouche ouverte et toutes ses dents et son œil qui me regardait. J'ai dit à la dame avec ses manches dans du plastique :

— Deux truites, s'il vous plaît, pas trop grosses.
Blop, blop, les truites sont passées sur la balance, avec un papier.

— Et avec ceci jeune homme ?
J'ai dit :
— C'est tout merci.
Avec le billet, je suis passé à la caisse rapide handicapés. Sur le parking, des gens regardaient Pépé Coutures avec toutes les affaires de pêche sur sa mobylette. Il m'a frotté les cheveux, il a enlevé le sac en plastique et mis les deux truites dans la bourriche en fil de fer.
— Bon, c'est un secret entre hommes, a dit Pépé. Motus et bouche cousue, hein.
Il ne riait pas du tout, Pépé Coutures. J'ai dit « je le jure », comme une fois avec Yann quand on a acheté des cigarettes et qu'il ne voulait pas dire à ses parents pourquoi il avait vomi.
La ruse des poissons d'Euro-Market était super. Antoinette était même contente. Mais moi les poissons morts, sur de la glace avec leur souffrance, ça m'embêtait encore dans la tête. Un après-midi j'en ai parlé à Pépé. Il y avait la canne à pêche plantée dans le bord de la rivière. « Pour les soupçons », avait dit Pépé. Mais sans hameçon, pour pas qu'un poisson dans la lune vienne s'accrocher en passant. Il a laissé tomber ses mots fléchés avec un soupir.
— Écoute fiston, ces poissons qu'on achète, ils viennent d'un élevage. Pendant des semaines et des semaines ils sont nourris et dorlotés. Et

puis un jour le pisciculteur les attrape avec son épuisette, il leur met un peu de courant dans le corps et puis voilà.

Bon, déjà je savais qu'ils étaient pas pendus par la lèvre.

— Mais est-ce qu'ils ne se doutent pas, à la fin des semaines, que...

— Bien sûr que non ! Avec leur cerveau comme un petit pois comment veux-tu qu'ils réfléchissent à leur destin ?

Pépé raturait ses mots fléchés, l'air pas content. Il a regardé aussi un peu la solution vers la fin de son journal. Après, je ne sais pas pourquoi, il a parlé de la salade, celle du jardin qu'on arrache et que bientôt on ne pourrait plus manger avec mes scrupules. C'était un drôle de mot ; comme soupçon. Et j'en avais. C'était peut-être des maladies. Je demanderai à Yann quand il rentrera parce que chez lui il y a l'encyclique avec tous les mots du monde, sur la cheminée entre deux éléphants qui poussent sans arrêt pour tenir les livres.

7

Le lendemain dans la boîte à pêche à la place du journal, il y avait un album.

Celui de Pépé Coutures avec des photos de lui quand il était jeune. C'était des photos sans couleurs mais avec des voitures noires et des chapeaux pour les hommes et les dames.

— Tu vois là, c'est moi.
Pépé avait un costume super à rayures et un chapeau génial. Sur une autre, il était dans la rue avec une fine moustache de rien du tout et des cheveux tout aplatis comme en sortant de la douche.
— Et là ?
— Là, c'était au mariage d'un copain.
— Avec qui tu danses ?
— Avec Hélène.
— La dame qu'on a vue à la mairie ?
— Oui, c'est ça.
Moi je l'avais reconnue mais je voulais être sûr. On a tourné les pages. Pépé Coutures a parlé de la guerre, du régiment, tout ça. De temps en temps il disait :
— Tiens, là c'est Robert.
— Et là ?
— C'est Hélène. On était allés une journée à la mer…
On était dans l'herbe à côté de la canne plantée pour les soupçons. Le vent faisait son malin en bougeant les feuilles des arbres et de l'album. Sur une seule page, j'ai vu Pépé Coutures en marié à côté d'Antoinette en mariée. L'album était fini mais une pochette a glissé dans l'herbe. En la ramassant très vite Pépé a fait tomber des bouts de négatifs et d'autres

photos. C'était Hélène. Hélène à cheval, belle comme tout. Et une autre à côté d'une barque où elle rit avec un mot derrière, que Pépé a vite prise.

— C'était un peu ton amour alors, Pépé Coutures ?

Pourquoi j'avais dit ça ? Il m'a regardé.

— C'est loin tout ça, on avait vingt ans.

Ses lèvres avaient bougé toutes seules et c'était comme si j'avais entendu : Oui-je-l'ai-aimée-enfin-un-peu.

BRAOUM ! On a sursauté. À regarder l'album et toutes ses pages et la pochette on n'avait même pas vu le soleil se cacher derrière les gros nuages au-dessus des peupliers. Pépé s'est relevé presque vite.

— Nom de nom ! L'orage qui s'amène !

Plic Ploc.

— Et les poissons ? Antoinette voulait…

Mais Pépé rangeait la boîte à pêche à toute vitesse.

— Pépé, il faut deux poissons, tu sais bien, hier on n'a rien ramené.

Ploc Ploc Ploc.

— Oui, oui, on f'ra comme d'habitude. Allez dépêche-toi !

Au Rond-point les voitures avaient mis leurs phares alors Pépé a fait pareil et il a mis son bras à droite. Il s'est mis sous le truc des caddies et j'ai foncé avec mes pieds dans les flaques comme j'adore. Dans le magasin il n'y avait plus de musique et juste un peu de lumière. L'homme des télés, en blouse, a dit à une caissière :

— C'est le transfo qui a pété.

La dame aux poissons rangeait des caisses blanches et remettait de la glace.

— Deux truites s'il vous plaît, pas trop grosses.

Blop Blop, emballé, pesé et merci. Pépé m'attendait à la sortie, tout mouillé. Il m'a parlé de bougies du moteur qui toussait BRAOUM et qu'il ne fallait pas caler. J'ai grimpé et c'était une vraie aventure avec mes chaussettes mouillées même dans le fond de mes baskets et les pneus qui écrasaient l'eau devant et derrière, on aurait dit des crinières de cheval.

Antoinette nous attendait à la porte. J'ai eu une serviette dans les cheveux et la friction.

— Aïe ! Pas si fort !

— Pour que tu sois malade…

Pépé était dans le garage à cause de la bougie qui s'était noyée. Antoinette a tout déchargé.

— QU'EST-CE QUE C'EST QUE ÇA ?

En voyant ce qu'elle tenait au bout de son bras, c'était comme si j'avais plus de cœur et plus de jambes. Le sac de truites, le sac Euro-Market écrit en rouge avec une agrafe pour le prix ! Dans ma gorge j'avais tout : l'hameçon, les soupçons et même aussi les scrupules. Pépé est arrivé, il a dit :

— Mince...

Antoinette tenait toujours le sac. Alors il a expliqué qu'aujourd'hui on était bredouilles et qu'il avait pensé bien faire en...

Antoinette est partie dans la cuisine. Dans la gouttière on n'entendait que les gouttes d'eau qui faisaient rien que tomber de plus en plus une à une.

— Je vais rentrer, j'ai dit. L'orage est passé...

J'ai fait attention de dire « Au revoir Madame » bien fort pour qu'elle entende ma politesse. Quand j'ai ouvert la porte, Pépé disait :

— Mais non je t'assure, aujourd'hui uniquement.

Et Antoinette lui a répondu :

— De toute façon je viendrai demain avec Roseline et Andrée. Ça nous fera une sortie.

On était à la fin des vacances. La ruse des poissons, l'orage, la mobylette, tout s'était détraqué.

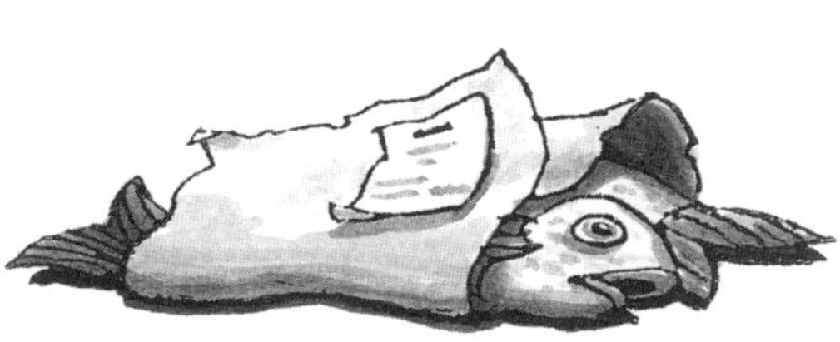

8

— C'est quoi un répit, Pépé ?
— C'est quand quelque chose vous tombe pas tout de suite dessus.
Ça faisait un quart d'heure qu'on marchait le long de la rivière. Avec l'orage d'hier, le chemin était plein de boue.
— Alors en marchant comme ça, on a du répit ?
— Oui, a dit Pépé, parce que premièrement elles auront tout ce chemin à faire et que deuxièmement on les verra arriver.
Je savais qu'il voulait parler d'Antoinette et de ses copines qui devaient nous rejoindre à deux heures. Il faisait beau. Pépé Coutures regardait le chemin en portant la boîte à pêche et moi je tenais la canne avec le fil, le moulinet, tout. Il y croyait plus, Pépé Coutures, à nos journées de pêche à la Tranquillité. Dans la boîte, il n'y avait plus de journaux à mots fléchés ou d'album de photos, rien que des trucs pour pêcher parce que Antoinette avait fait son inspecteur juste avant qu'on parte.
Pépé s'est mis sous un arbre, il m'a dit d'installer tout le fourbi. Après, je lui ai dit :
— Un concours de ricochets, Pépé, t'es cap ?
— Non, j'suis pas cap, fiston. Joue tout seul.

Alors je suis parti faire l'explorateur du Canada et j'ai eu une idée de jeu : j'étais le sauveur des poissons que des trafiquants voulaient attraper pour faire des expériences avec. Je devais faire peur aux poissons pour qu'ils s'enfuient loin, c'était ma mission. J'ai enlevé mes chaussures et j'ai marché dans l'eau. C'était froid, ça glissait, l'eau faisait du bruit. Dans le courant, j'avais comme des chaussettes d'eau jusqu'à mes mollets. Mais mon courage était tout mouillé alors j'ai chanté très fort :

À la claire fontaineeû,
J'ai trouvé locipède,
Que je m'y suis baigné !

— T'es pas malade, non ? Sors de là, tu vas te noyer et tu effraies les poissons !
C'était un pêcheur que j'avais pas vu et qui m'avait fait peur de l'autre côté de la rivière, à gesticuler et à crier sur moi. Je suis remonté sur le bord avec mon short mouillé et ma mission ratée.

En retournant vers Pépé Coutures j'ai vu trois taches sur le chemin, une jaune, une rouge et une orange et bleue. C'était Antoinette et ses copines.

— Hé Pépé…
— Oui, quoi ?
— Elles arrivent.
Il s'est vite levé et il a fait la chose horrible : la chaussette en ver sur l'hameçon. Antoinette est arrivée la première.
— Ah, vous voilà ! Cette idée d'aller si loin ! On a dû demander à au moins cinq pêcheurs.
— C'est encombré là-bas, a répondu Pépé Coutures ; trop de monde.
— Bonjour monsieur Raoul, bonjour Pierre, ont dit les dames en s'asseyant dans l'herbe avec leur figure rouge.
— Ça mord ? a demandé Antoinette en regar-

dant dans la bourriche.
— Non a fait Pépé. Rien que des petites en dessous de la taille réglementaire. On les a remises à l'eau, bien vrai fiston ?
— Oui, rien que des petites.
Rosine a sorti un paquet de son sac.
— Qui veut du cake ?
Mais Antoinette a dit :
— Tout à l'heure. Rends-toi compte : ils n'ont encore rien pris.
Elle est allée à coté de Pépé pour voir s'il faisait bien les gestes du pêcheur : lancer la ligne, yiiiiiz ! Le flotteur faisait le petit bateau. J'étais sûr que Pépé Coutures aimait pas que sa femme reste plantée juste derrière son dos, mais il pouvait rien faire. Tout d'un coup le flotteur est parti dans le courant.
— Ça y est ! T'en tiens un ! Lâche pas, hein !
Pépé m'a regardé en douce. C'était comme si

c'était lui qui était pris.
— Remonte un peu ! Doucement ! Raoul !
Antoinette est allée chercher l'épuisette. Pépé a juste eu le temps de me dire avec un petit bout de sourire :
— Ça va casser, t'en fais pas....
Mais le fil avait l'air solide puisque la canne pliait.
— Ramène, Raoul ! Tu vois bien...
Antoinette faisait sa commandante sans se tromper. Pépé obéissait. De temps en temps le flotteur coulait et remontait. D'un seul coup j'ai pensé : « Ça, c'est une branche, comme l'autre jour, ou une vieille godasse comme dans les dessins animés ou une botte en caoutch... » Pépé a failli glisser. Il y a eu un petit bruit d'eau au bout du fil et une sorte de gueule ouverte et toute grise.
— UN SAUMON ! a crié Antoinette en tapant dans ses mains.
J'ai vu un énorme poisson qui faisait presque peur tellement il se débattait. Antoinette est entrée dans l'eau avec ses belles chaussures. Elle a tenu le fil et j'ai dû lui passer l'épuisette. D'un coup de poignet elle a cueilli le poisson. C'était fini. Il avait beau gesticuler sur l'herbe avec sa souffrance, il était pris. Rosine et Andrée ont tellement fait de « Oh ! » et de « Ah ! » et de « Mon Dieu ! » que des pêcheurs sont venus voir.
— Il fait au moins dix livres....

— Et avec un hameçon de 6 ! Chapeau !
Moi, j'ai juste pensé au cerveau petit pois du saumon qui n'avait pas eu le temps de le laisser penser. Ils ont tapé dans le dos à Pépé Coutures et puis quelqu'un a dit :
— Hé ! Regardez !
Il a montré la grosse nageoire du dos avec une petite étiquette en plastique bien accrochée.
— Il est écrit quelque chose, mais j'ai pas mes lunettes, a dit Pépé. Un pêcheur a lu tout haut :

"LA SOCIÉTÉ MOULINEAU EST HEUREUSE D'OFFRIR UN SÉJOUR D'UNE SEMAINE SUR LE FLEUVE SAINT LAURENT (CANADA) À LA PERSONNE AYANT PÊCHÉ CE SAUMON."

Tout le monde a parlé en même temps. Rosine et Andrée ont fait la bise à Pépé Coutures. Il a dû marcher devant tout le monde le long de la rivière et d'autres gens sont venus le voir.
Moi, j'étais derrière.

9

Pépé n'a pas découpé la photo dans le journal. Pourtant elle était grande et il y avait son nom en gros et plein d'explications. Ça parlait aussi de l'étiquette MOULINEAU. Je n'ai pas voulu tenir le saumon, j'ai dit qu'il était trop lourd. C'est pour ça qu'on voit Antoinette avec, au premier rang.

Pépé Coutures ne parle plus de pêche. Il m'emmène juste en ville. On est passés à la banque. Il est allé voir un monsieur dans un bureau en verre, longtemps. J'ai attendu à coté. La banque, c'est pour donner son argent. Ils peuvent même en prêter. Je l'ai vu sur une petite table, en verre, aussi. « POUR LES RÊVES QUI VOUS SONT CHERS » c'est marqué. On voyait une maison, un soleil, une auto. J'ai cherché pour un père, il n'y a pas le prix.

Et aussi à la préfecture. C'est encore plus grand que la mairie et ils donnent un carnet pour aller dans les autres pays, mais c'est payant.

J'ai aussi aidé à ranger la mobylette dans le garage. On voit plus qu'un petit bout de ses roues, comme avant. Pépé Coutures a descendu une grande valise d'une étagère.

— Encore une ? a dit Antoinette quand elle a vu ça dans le salon.
Sur la table, il y avait déjà du linge, des chaussettes, des chemises. Pépé ne lui a pas répondu, il m'a juste dit :
— Viens avec moi.
Dans l'armoire de sa chambre, il a pris quatre pulls.
— Tiens-moi ça, fiston.
Antoinette est arrivée.
— C'est l'été en ce moment, là-bas, qu'ils t'ont dit !
Alors là, il s'est passé quelque chose d'incroyable : Pépé Coutures a presque bousculé Antoinette et en pliant ses pulls dans la valise, il a crié :
— Et s'il me plaît à moi de prendre tout ça, JE SUIS LIBRE, NON ?

C'était l'avant-dernier jour des vacances.
Le lendemain on a déménagé.

Déjà parus aux éditions du Bastberg

▪ dans la collection sarbacane

1	À la casse, les sept nains !	Frédéric Magnan
2	Une maîtresse poids lourd	Jean-Claude Baudroux
3	Le Père Noël ne croit plus aux enfants	Louise Werner
4	Pépé Coutures	Patrick Vendamme

▪ dans la collection indigo

1	Je suis méchant	Jean-Claude Baudroux
2	On ira tous à Soudourgou	Francis Collin
3	Papa… bis	Yves Couturier
4	Le cadavre du grand plongeoir	Jean-Claude Baudroux
5	Cette peste d'Adèle	Alain Surget
6	Ougrah	Yves Couturier
7	Le cadavre baignait dans l'huile	Jean-Claude Baudroux
8	Le clandestin du vol Pégase	Stanislas Kopinski
9	Monde à l'envers	Anne Naumovic
10	De la guerre à la mer	Gilles Fresse
11	Arthur de Buyer	Yves Couturier
12	La guerre des papas	Stéphane Daniel

A LA RENCONTRE DE :

L'auteur Patrick Vendamme

Un jour, le perroquet de Patrick Vendamme s'est échappé. Alors Patrick est parti à sa recherche en sifflant la mélodie de « Bonne nuit les petits » : c'est le seul air que Coco ait appris. Une heure plus tard, Patrick sifflait encore… Il avait très mal aux lèvres…
Quelques heures plus tard, Coco lui a enfin répondu. Il était perché à la cime du plus haut sapin.
Lentement, précautionneusement, Coco a daigné redescendre. À cause de la faim ? De la soif ? Du froid ?
Ou peut-être parce qu'il était content de retrouver son maître…?

L'illustrateur Yannick Lefrançois

Sa gomme l'aura à l'usure. Ça devrait pourtant être l'inverse. Eh bien, non ! Elle ne cesse de s'effacer pour qu'il ne la trouve pas quand il a besoin d'elle. Sous une pile de feuilles, dans un tiroir, dans sa main ou sur son oreille, ce petit morceau de caoutchouc n'arrête pas de rebondir, de cachette en cachette. Aujourd'hui, il aimerait bien la dessiner, mais elle est introuvable. Mystère et boules de gomme ! Alors, il essaie de la croquer de tête... Pas facile !
Encore raté ! Où est passée sa gomme ?

Les éditions du Bastberg
collection Sarbacane
BP 17
78950 Gambais
France

Achevé d'imprimer en septembre 1997
par Corlet, Imprimeur, S.A.
14110 Condé-sur-Noireau (France)
Maquette et mise en page : Péhel Créations - Saulxures
N° d'Imprimeur : 25852
Dépôt légal : septembre 1997
ISBN 2-906458-52-X